MIRAGEM

MIRAGEM
soraya madeiro

© moinhos, 2018.
© soraya madeiro, 2018.

edição: camila araujo & nathan matos

revisão: literaturabr editorial

diagramação e projeto gráfico: literaturabr editorial

capa: sérgio ricardo

imagem da capa: nanda costa

1ª edição, belo horizonte, 2018.

nesta edição, respeitou-se o novo acordo ortográfico da língua portuguesa.

Dados Internacionais de Catalogação na Publicação (CIP) de acordo com ISBD

M181m
Madeiro, Soraya
Miragem / Soraya Madeiro. - Belo Horizonte, MG : Moinhos, 2018.
72 p. ; 12cm x 18cm.
ISBN: 978-85-45557-37-1
1. Literatura brasileira. 2. Poesia. I. Título.

2018-1130
      CDD 869.1
      CDU 821.134.3(81)-1

Elaborado por Vagner Rodolfo da Silva — CRB-8/9410

Índice para catálogo sistemático:
1. Literatura brasileira : Poesia 869.1
2. Literatura brasileira : Poesia 821.134.3(81)-1

todos os direitos desta edição reservados à
editora moinhos
editoramoinhos.com.br
contato@editoramoinhos.com.br

a joão, minha bússola, e a luna, meu norte.

SERTÃO,

alfabetização

desde quando se prevê o amor
em que o tempo vai correr?

asas do desejo

recostados às acácias do terreiro da minha casa – terreiro é como chamavam a extensão da calçada que ficava na rua, era responsabilidade de cada casa varrer as folhas da sua calçada e do seu terreiro –, descansavam dois meninos desconhecidos – forasteiros, pelas roupas que vestiam, meus amigos não usavam gola polo, as golas eram normalmente esgarçadas de tanto limparem o suor do rosto consequente das nossas modalidades esportivas infantis e despropositais –, gêmeos como as acácias do terreiro, gêmeos como se entre eles – e entre as acácias – houvesse um espelho e um deles fosse reflexo. reparei pelas venezianas da porta que não conversavam, olhavam levemente para baixo, com as mãos levemente juntas. rezavam? pelo tempo que estão ali, devem ter muitos pecados, pensei. tínhamos todos mais ou menos sete anos – menos as acácias, essas eu não sei quantos anos tinham –, não me lembro se ainda andava só de calcinha pela rua, mas recordo estar vestida quando resolvi atravessar o portal e descobrir por que tanto rezavam aqueles transeuntes tão bonitos no meio do terreiro, meninos tão bonitos podiam pecar tanto? abri a porta devagar – não queria jamais interromper uma ave maria – e meus pés descalços deram passos lentos em direção às acácias – se eles me vissem, não teria sido eu a interromper, mas a própria vontade de deus. os meninos continuaram imóveis como as folhas da tarde sem vento. cada vez mais próxima, vi que seguravam algo cinza entre as mãos e não tinham dedos tão imóveis assim, eles se mexiam como se agarrassem um terço, passando conta por conta, apertando botões que formavam uma cruz. os objetos que os meninos seguravam eram game-boys. foi a primeira vez que vi dois anjos.

benjamin barroso, 335

a minha rua era do tamanho do mundo
os amigos estavam lá, a escola, a professora
as bicas nos banhos de chuva
os carros-pipa em tempos de seca
o carro do leite às seis da manhã
o medo da cantoria das procissões de madrugada
– meu quarto era o mais escuro na madrugada
as cartas de amor nunca enviadas debaixo do colchão
as cicatrizes desenhadas nos meus joelhos
hoje, mesmo em outra cidade,
ainda moro na minha rua

matriz

sempre tive o ímpeto de fugir por medo. fugi quando sujei de sorvete a roupa da missa – sujar a roupa de domingo é quase sacrilégio –, quando me banhei na água da chuva que a cisterna apanhava, fugi antes de dar meu primeiro beijo e depois de dar meu primeiro beijo, fugi quando você deixou de querer acordar ao meu lado e também quando eu deixei de querer acordar ao meu lado. a fuga nunca evitou que as dores existissem, mas sempre foi uma desculpa pra sentir o frio na barriga de quem está à beira da saída de emergência, porque viver é certamente a maior de todas as emergências.

ponte sobre o rio quixeramobim

uma artéria aberta desventrada resfolegando pelo que lhe escapava. o ar se confundia ao entrar e saía: portas desidentificadas e desautomatizadas. batidas lúgubres e sinestésicas formavam um invólucro de cor sob as nuvens raras de um sertão enveredado de baixo a cima. a ponte vermelha sofria com o sol a pino. desbotava. estávamos em cima dela, forçamos, pulamos em uníssono, gritamos uma pancada. protagonistas e agonistas, quando nosso sangue em catadupas envermelheceu o rio e a ponte quebrada pela qual apenas vultos recentes de vozes traspassavam.

MAR,

titanzinho

deito no amanhecer do teu corpo quente. o sol reluz no teu peito enquanto surfo no sangue espesso que corre nas tuas veias. desejo num átimo habitar as tuas costas bronzeadas.
demoro no teu gozo.
.
mergulho
sinto a espuma nos pés e na boca
emerjo
volto para o cais em que estava antes de deslizar

ponte dos ingleses

com esse silêncio estava querendo dizer que as alegrias que sentimos não anularam as vezes em que você me deixou pular da ponte sozinha porque ainda não tinha terminado sua pesquisa sobre universos paralelos, como se não fosse a própria ponte um universo paralelo, como se pular da ponte não fosse um jeito de colocar o mundo em reverso, transformar o dentro em fora como quando viramos a casca de uma laranja para comer cada gomo até então inalcançável.

tábua de maré

somos dois barcos que navegam lado a lado pelo tempo
onde nossas paralelas se atinarão?
seus olhos encontram os meus em um desvio
são condições ruins de navegação, você diz
devemos continuar esse percurso
que não se sabe onde vai dar?
não temos rota
o mar é muito grande
para quem não sabe onde quer chegar

shades of blue

esse hiato, esse corte abrupto no tempo que era nosso, esse rasgo por onde entra a luz que me guia no meio da escuridão, mas que encandeia o pensamento. de repente enxergo cores nos olhos fechados, amarelo laranja vermelho que cresce e consome as nuances, de repente é o mar que eu enxergo, de repente nasce um riso quando as ondas imitam você indo e voltando, molhando um pouco meus pés e se misturando às outras partículas imediatamente porque não pode ficar.

imóvel

estou agora deitada nessa areia amarela que insistem em dizer que é branca. chego a sentir a salinidade entranhando pelos ouvidos enquanto o mar me olha e me molha pra não me deixar secar. sinto as mãos inchadas de tanto segurar as palavras que ninguém ouviu. já roubaram minhas asas e me vestiram com essa nuvem escura que outrora brilhava. não vivi esse outrora, mas alguém deve ter me dito, porque sinto essa informação nos poros. sinto também que alguém me olha, mas meus olhos não querem abrir, como se eu estivesse morta por estar deitada aqui nessa beira-mar. mal sabem que vivo em beiras e posso até dizer que devo me alimentar delas, já que não senti fome desde que cheguei. agora essa chuva que me fura como pregos e me inunda a memória como se eu já tivesse sido uma lua de netuno, como se eu tivesse habitado sua turbulenta atmosfera, como se não fosse eu que a tornasse turbulenta. anoitece e amanhece. penso se fumo um cigarro, mas parece quente demais, penso se tomo uma cerveja, mas parece frio demais. penso que jamais conseguirei sair deste papel em que estou presa. me levanto, depois desses dias, e é como se eu fosse esse vento que me empurra em direção a não se sabe onde, mas empurra, porque é de sua natureza empurrar.

lençol

encontro o mar que se esconde por trás dos teus cabelos
como se abraçasse o exato instante do dia tornado noite
e a primeira gota de chuva que se junta a ele
o vento sussurra teu nome inaudível
soçobra os navios de cargas tão leves
quanto o sol que bate na popa
dos que não sabem precisar
se o cheiro que remanesce na colcha
vem da maresia ou do teu olhar

CIDADE,

all the city lights in my background
that i pretend not to see
will they turn off if i turn around?

tráfego

quando te vejo do outro lado da avenida da universidade me torno por um segundo teu abraço que me aperta por dentro, teu beijo que me aquece por dentro, tua mão que me rasga por dentro. por fora, agora, há uma explosão que cala o trânsito ou me ensurdece entre os faróis que turvam minha visão a ponto de ser difícil saber se é mesmo você que vejo ali do outro lado da avenida da universidade.

outro dia li que "os personagens de win wenders
vivem a vagar sem direção"
como se não fosse isso que fizéssemos também fora
dos filmes de win wenders
como se não fosse isso que você me dissesse enquanto queima na penúltima bituca da carteira o
recado que passei por debaixo da sua porta
– ainda poderíamos acontecer –
como se deixássemos de acontecer cada um em seu
andar
nas linhas diferentes dos ônibus que confundem
as paradas
nas aulas de semântica em que uma formiga passa
ignorando a sabedoria acadêmica
nos bancos que abrigaram nossas calças gastas pelo
uso contínuo
na tv sem sinal que nos obriga a fazer outra coisa
da noite
no despertar que por primeiro pensamento tem
em que dia da semana acontecerá
a resposta que você nunca me dará

quando chove, acendo um cigarro e penso em descer as escadas com a pressa de quem vai fazer supermercado e a calma de quem acordou de sobressalto. sinto o mormaço que o vento brevemente forte traz dominando as vias nasais. fecho os olhos pra enxergar a tarde amarela como as paredes descascadas do edifício itália. a chuva entra pela janela e começa a aguar o chão de ladrilho hidráulico. me levanto da cadeira e me ponho em pé encostada a essa mesma janela como quem diz que molhe mesmo, chuva, me molhe como a este chão, apague meu cigarro, entre na minha boca. o gosto da chuva é o mapa do tempo.

trânsito i

pego o ônibus uma parada antes pra te ver subir
na gentilândia
com a sua mochila jeans mais velha que seus anos
de escola
você desce na aguanambi
e os seus olhos escurecem refletindo a cor do
asfalto
porque é pra ele que você olha enquanto o
ônibus não passa
por medo de me ver na janela e querer subir
novamente
e termos que ir de mãos dadas até o fim da linha

suja de batom esse copo que não pertence à tua casa
deixa o cheiro de xampu nessa toalha úmida
sua a colcha que já misturou tantos suores
pega na estante um livro com as marcas de outros dedos
confunde a voz que responde agora o silêncio do amor
escuta o tremor que os amantes provocam no andar de cima
torce pra que o teto caia apartamento abaixo
e quem sabe assim o teu quarto encontre o meu

MATÉRIA,

a sua termogênese afetaria a minha quando

você confundisse logradouro com logaritmo e começasse a pensar na base fixa que a nossa casa poderia ter

involuntariamente seu olho direito piscasse comendo o tamarindo que eu colheria do lado da barragem velha, o que significaria que ele não seria tão direito assim, por se afetar com azedumes tão gentis

no observatório do dragão do mar

netuno e suas luas ocupam o lugar clandestino da felicidade enquanto os fluxos das nossas células permanecem em distâncias abismais.

circinus

era como se hoje fosse o fim do mundo, como se todos saíssemos mais cedo do trabalho querendo ver o meio-dia escuro dar espaço para as estrelas que cairiam e passeariam entre nós. enquanto um riso se criasse no estômago ao olhar para o céu, as pernas não responderiam e andariam pela constelação quase pouco brilhante a que chamaríamos compasso. não haveria fome na multidão que se deslocaria em procissão para o aterrinho. "amanhã tudo pode acontecer, hoje a nossa vida é pequena" – ecoaria sem que soubéssemos de onde. sentaríamos todos na areia até que, de súbito, uma onda enorme faria um véu na nossa conversa, uma onda tão grande que pareceria vir do céu. você então me diria que aquele era o véu mais bonito que eu poderia usar. casaríamos e aquela seria a nossa festa. flutuaríamos, abriríamos os olhos para o infinito e o tempo inteiro viraríamos estrela. todo fim é um começo.

de perto espio os cílios soerguidos pelas suas pálpebras
que agora permitem ver que a cor da sua íris quase
não se diferencia da pupila
e me sinto mesmo como uma espiã
esperando sua retina enviar meus estímulos luminosos
e encontrar nas suas células nervosas algum dado
que denuncie
que você me verá amanhã

observo a dança que a fumaça do cigarro faz
depois que sai da sua boca
e tenho certeza de que é dali que saem
os desenhos celestiais dos nimbos

químicas

às vezes minha cabeça entra em ponto de ebulição misturando passado presente futuro. às vezes quem entra em ebulição é você, quando vê que minha boca pode encaixar perfeitamente em uma outra boca que não seja a sua, porque a química também mostra a possibilidade de uma outra peça de quebra-cabeça ocupar o espaço que por algum tempo você cansou de ocupar. quem entra em ebulição é você, quando calcula a temperatura do meu corpo noutro corpo que me queima tanto quanto você me queimava, que me queima como se eu fosse um vaga-lume porque aquela queimadura também me dá um pouco da vida que eu pensei por algumas horas ter partido juntamente com seus átomos. às vezes é só o telefone que toca e antes de atendê-lo e saber que se trata de uma moça paulistana do marketing ou de um rapaz do sistema prisional fingindo ter sequestrado a minha filha adolescente imagino como seria se fosse você me pedindo pra entrar no primeiro ônibus com destino aonde quer que você estivesse e eu te dissesse que muito obrigada, mas já superei tudo o que vivemos.

o que a física chama de singularidade

porque você é um ambiente de extremos como vênus eu me atrevo a habitar suas condições inóspitas, mesmo que sua superfície seja coberta de ácido sulfúrico e que hawking tenha alertado meses antes de morrer que temia que a terra pudesse se assemelhar a você em níveis climáticos. enquanto o tempo corre e o espaço ainda existe, reconfiguro nossas matérias maciças como se fôssemos planetas à espera de um buraco negro, do qual nem mesmo as partículas que se movem na velocidade da luz podem escapar.

SAUDADE:

varanda suspensa

suspenso nessa saudade dos dias que teríamos feitos das palavras que diríamos.
suspenso nessa playlist que é a trilha de quando você me veria naquele dia na p.i. e me levaria pro seu quarto de hotel – se você estivesse em um.
suspenso no beijo que congela o tempo e na lembrança dele que acelera essa coisa tão relativa que é o próprio tempo do tempo.
suspenso em todos os fins de tarde que seriam desenhados pelo teu cheiro que me acende como as luzes que completam essa noite.
suspenso nos jantares que faríamos na nossa casa pequena que teria plantas no lugar do sofá e velas no lugar da tv.
suspenso nos dias em que sua pele quente amanhecida tocaria a minha pele quente amanhecida e marcada pelo seu cabelo curto e ofuscante como os dias que me suspendem em você.

como se você fosse casa
e guardasse para si
os móveis de mogno antigos
refletidos na cor da sua pele
as redes de náilon tão finas
como os fios dos seus cabelos
os quatro ou cinco pisos da cozinha
e sua língua sobejada de vinho
na terra arada do teu quintal me perco
em abismo e êxtase
como se você fosse labirinto

dia útil

as flores de hibisco que se abriram hoje de manhã
sentem tua falta
e quase imitam a cor das tuas pernas quando o sol
se esquece de bater nelas
e de refletir a luz que entra agora pela varanda e
não te encontra aqui
sentado como se não tivesse compromissos
como até ontem
ligo a tv no canal que você assiste
vou para o quarto
escovo os dentes
deito na cama
e por quase um segundo
acho mesmo que é você quem está na sala
agora vivo
enquanto espero a noite chegar pra te ter de volta

shadowboxer

sinto teu cheiro invadindo minhas narinas como uma injeção viscosa que arde despertando cada vereda venosa. não é o seu perfume, é sua presença por um centésimo de segundo. no impulso de me virar pra verificar, tenho medo.
mas como viver sem saber se você é mais do que uma presença que eu sinto? como posso ignorar o impulso do meu corpo que te procura nessa sombra?
viro
e lá está você
toda coberta de ausência.

in your sour lines of sorrow
in your angry signs of tomorrow
i wish i could write you out of me
'cause you're only close when you're a glide
'cause you're only true when you're denied

fragmentos de um e-mail amoroso

eu pensei em sair louca correndo com esse e-mail debaixo do braço, pegar um ônibus na rodoviária, o primeiro que partisse, uma coisa bem novelesca. queria passar pelos lugares desconhecidos que me conheceriam lendo o tanto que vocês dizem aqui e em todo lugar. mas tô na cama derramando algumas lágrimas porque estes e-mails já me tocariam de todo jeito onde quer que eu estivesse, porque eu ainda estaria em mim. tive vontade de que aquela noite de dança durasse pelo menos um mês, que a vida pausasse nesse mês, porque depois de dançar durante esse tempo todo talvez as ideias se rearranjassem na cabeça e quem sabe assim pudéssemos finalmente conseguir sair da berlinda, se é que me entendem.

(...)

tenho conversado com o personare com uma certa intensidade sobre destino, mas acho que aprendi muito mais naquele mesmo sábado dançante enquanto robyn dizia "and it hurts with every heartbeat", que é basicamente a lápide cravada dentro da gente ao sair da barriga materna, porque uma vida nova também é uma espécie de morte. e é sempre difícil escolher morrer pra viver outra coisa. mas seguiremos dançando astronomias e astrologias, cantando as músicas que no fim dizem pouco sobre alegria e que talvez por isso resistam tanto ao tempo, porque as alegrias são um pouco mais efêmeras que as dores.

tantas vezes tentei esquecer a sua toalha ainda no banheiro, jogar fora o seu chinelo debaixo da cama, empoeirado de tanto esperar você de volta. eu tentei tantas vezes ser você, pra que eu te sentisse mais do que a mim e não previsse essa morte infinita sem morrer quando você dissesse tudo aquilo que eu só ouvi no eco dos seus últimos passos no chão mofado dessa casa.

tento fingir sua presença agora como fingi sua presença enquanto você estava.

me despeço
do silêncio da sua voz quando busco nela
algum sinal de amor
essa palavra tão livre dos percursos que convoca
me desfaço
absorta no teu tempo
que me dá sede por horas e fome por dias
me descalço
nos caminhos areados sem atalho que faço à tua
procura

que cada palavra que eu te escreva tenha uma linha infinita, porque a outra que vem depois traz sempre um pouco mais de tinta.
meu receio em sua demora é que o azul da caneta preencha todo o papel e que seja isso que você encontre na tornada.

em uma conversa mental, poderia te dizer que sempre quis voltar, pedir tua ajuda, comer feijão. e quem sabe você me dissesse eu também. aí eu te diria como a gente se encontrou, depois desse tempo passado, como a gente se tornou presente. talvez você me dissesse que eu deveria ter vindo antes, mas eu não poderia ter vindo antes porque o seu silêncio gritava rua afora, apagava com violência a sombra deformada pelos paralelepípedos, assombrava a si mesmo rasgando pele e osso, queimando corpo e som. talvez, se eu tivesse vindo antes, não poderia achar que era isso que você dizia quando esse papel não estava todo manchado de tinta. e eu tenho medo de que você não tenha dito isso. tenho medo de que esse papel não tenha sido escrito para mim.

quantas vidas se vive em um talvez?

desvio

volto para o meu minúsculo metro de ser com as malas sujas de tanto vagarmos. nada estava como deixei, mas a casa ainda me mantinha viva. papéis em que escrevi, bijuterias que esqueci, livros que não gostei de ter. o chão era o mesmo e ele sentia minha falta. tirei os sapatos e tranquei a porta de entrada. andei devagar, encostando o braço todo na parede, deixando meu cheiro em todas as partes que podia. tudo que eu havia abandonado estava lá, ainda que em outra configuração. no quarto, meus esmaltes, minhas notas, minha foto caída debaixo da cômoda. ele conservou todas as lembranças que não quis levar comigo porque dizia que aquela sempre seria minha casa. mas a que foi – a que fui – não é a mesma que voltou e esse lugar nunca mais será meu. nunca será de outra pessoa. nunca, também, será dele novamente, porque ele não é mais aquele que me esperava. aquela casa é dos meus papéis, da nossa cama, da minha toalha, da minha máquina de costura com os livros dele em cima, do perfume que escolhi para ele, do souvenir que ele me trouxe de viagem. é de quando eu o deixei. nós sumimos naquele espaço. tão algemados, desexistimos.

quando essa dor estiver mais apertada ou quando a alegria estiver mais eufórica me mande um áudio com um grito, um e-mail feito de "a's" ou um outro muito poético que possa inteirar um livro de fragmentos. mas também me escreva num dia comum, num dia em que a rotina faça parecer que não há nada pra contar. eu vou querer saber se o metrô chegou na hora, se você riu no trabalho, se as contas foram pagas, se pegou qualquer roupa pra sair ou se a única que estava limpa foi a que você esqueceu no meu varal.

roxo náutico

a tarde voou enquanto a gente dormia, os copos americanos inflamados de vinho ainda jogados no chão do quarto, manchando desenhos abstratos no piso de taco. o último resquício de luz do dia me esperava acordar pra se despedir. pausou a ida por um instante, o suficiente pra me fazer duvidar do que acontecia. a sombra ao meu lado se camuflou na penumbra. de repente, foi como se dormir não fosse mais a possibilidade desse sonho, mas acordar.

TUDO É MIRAGEM.

era difícil ver toda a cidade daqui. parte dela formava uma cela, de grades bonitas, altas, concretas, com gente morando nela. via, desvia – a maré. os olhos molhados nos altos e baixos, nas ondas. cada respiro era mais pesado e mais leve. as algas da praia do futuro me faziam lembrar de que sou o que apareço: ora mais, ora menos. enxergo por esse embaciado salgado que me cobre a cada segundo e me faz ver as grades abertas pelos raios de sol. seria hora de fugir?
mas a travessia.
sonhava acordado ou dormia. peguei o ônibus misturado às pessoas, um pouco de mim em cada uma delas e na areia. passei pelas grades estático, sem olhar pro lado, sem nada dever ou deixar escapar pelos olhos, sem nada deixar escorrer pelo rosto ou pelo peito. ao chegar do outro lado, vi as grades novamente. dessa vez, já não havia mais sol para ofuscá-las e permitir minha passagem de volta. o fim de tarde era sutil e sem brilho, como se quisesse mesmo que o dia morresse como a gente. me libertar desse cárcere foi só uma alucinação. mar e sertão têm a mesma visão. agora estou ancorado. inútil nado.

POSFÁCIO

A memória habita o lugar da miragem
Bárbara Costa Ribeiro

Não por acaso este livro, na costura entre a memória e o sonho, se inicia com o que poderia ter sido uma recordação da infância – a idade sonhadora, a idade atemorizada entre o delírio e a linguagem.

No meio do caminho, fosse talvez o sonho, fosse já a realidade da vida, a miragem tece sua verdade própria: ela é aquilo em direção do que se olha sempre de olhos tão abertos, na imensidão do deserto, ou dentro de um jardim em labirinto, na esperança, quem sabe, de alcançar – pela escrita, como aqui – as cenas com que se sonhava desde o princípio de tudo.

Nossas recordações da infância terão então alguma vez existido? Ou foram inscritas, em nós, por uma espécie de magia oculta, magia que o tempo opera? Como se a ficção do tempo desfiasse suas linhas por entre a alma e o corpo de quem vive, no intervalo da respiração, uma batida do coraçao e outra, momento imperceptível em que essa escrita do tempo se infiltra por nós e constrói a sua teia. Imagem tão suave, a teia, um seio de menina, um corpo quente no mar, as folhas inertes das árvores por baixo da tarde que cai, o som que ecoa na madrugada, os dedos que se movem sobre as teclas, miragem dos dias que foram – ou que vêm?

Assim, a lembrança como que antecipa algo também do que ainda há de ser. E já que a memória sugere um futuro por ora tão nublado, de igual modo o que se ama na leitura de um livro é aquilo que, de outra maneira, eu jamais poderia suspeitar dentro de mim, embora estivesse ali o tempo todo.

Miragem, esse reflexo, é como um espelho para o qual alguém se direciona dentro de um sonho... O som de meu próprio grito, ao acordar de um sono intranquilo, o grito que ecoa na madrugada, e eu que pensava ser um outro alguém a clamar por mim. Era eu, o tempo todo.

Ao ler *Miragem*, encontro o meu duplo da madrugada, inquieto, ardoroso, a suar frio. Como os gêmeos de Gameboy à mão – fossem talvez anjos... –, a leitura me promove um duplo de mim, por dentro de mim. Sinto-me suspensa, a flutuar. Encontro-me, em suas páginas, em suas linhas, e torno-me outro alguém, e sei que esses sonhos-memórias, essas memórias-vidências, que me adivinham, podem ser também a vida de qualquer um, a vida que o tempo tece por dentro de quem se aproxima para ver um pouco melhor a imagem inalcançável que no horizonte se afasta para sempre.

Ao ler *Miragem*, quero alcançar tudo, quero gritar, quero um mergulho, quero voltar a um instante perdido, quero entender as palavras que meus avós diziam, quero murmurar que te amo, quero retornar àquele ponto em que eu não disse, afinal, o que é que me turbava, era tão grande para mim, e quero, enfim, escrever sobre o que me causa a escrita dessa miragem tão úmida.

Ao mesmo tempo, não posso quebrar o silêncio profundo e solene que suas imagens, trêmulas, delicadas, habilitam em meu interior. Um percurso silencioso então se arma: da infância à cidade, da cidade ao mar, o mar à beira da cidade, da cidade ao amor – descubro tudo, intuo tudo, e vamos, nesse percurso, de mãos dadas, eu e o livro, como que rumando sempre e sempre para o lugar de onde jamais saímos, para o sertão de uma solidão profunda, calada e comovida...

Amar e ler, comungar desse mistério, inesperar uma curva: percurso que me entrega a única geografia possível, o mapa de um sonho, errar o caminho. Igualmente, as coisas que fazem você amar a alguém ou a um livro, de mãos dadas, como eu e a miragem, são minúsculas, silenciosas. Um certo jeito de sorrir, um dente torto, uma imagem, um adjetivo, a mania de sentar em todos os lugares impossíveis, o modo como as acácias permaneciam intactas naquela tarde sem vento, e então meus olhos se partiram no horizonte.

A ideia talvez seja de Barthes – é muito provável –, o amar sem saber bem o porquê, mas ela está por toda parte, está aqui, está sempre. Diluída, trêmula, como uma miragem, como uma lembrança mergulhada no tecido sumidiço da infância e da memória: que palavra habilitará, em mim, o amor e a recordação?

O som dos tambores, os dedos sobre as teclas, aquele refrão em inglês, o jeito que você tem de dizer a palavra *background*, os dosséis que formavam um arco, a cor sem nome na parede da sala, o filme a que eu assisti, enquanto pensava, muito distraidamente, sobre como era doce o modo com que você arqueava os lábios em cada cena de luta, formando um coração, e o coração nada tinha a ver com a próxima explosão de Manhattan, para só assim eu descobrir o fragmento que faltava em meu quebra-cabeça, em minha geografia sagrada – a cena está completa, o amor e o livro, você, sereia no papel, a me encantar.

Não é possível dizer, afinal, por que desejo tanto essas miragens, como anseio pelo amor – também não é possível explicá-lo. Mas talvez porque palpitem, talvez porque brilhem, talvez porque, sim, ardem. Por fim, dessa forma, toda miragem é, na vida, aquilo que, com constrangedora esperança, desejo decifrar, desejo agarrar doidamente, e que, no entanto, só posso tatear às cegas, como se intuísse um anjo-fantasma, na escuridão de um sonho.

Miragem habita aí: na costura entre o sertão e o mar, entre o sonho e a escrita, entre a infância e o futuro, entre o amor e a ausência, entre a solidão e um beijo. Posto que tudo talvez tenha começado na lembrança deste fato: cada criança terá amado, por primeiro, o fantasma de um anjo...

Este livro foi composto Adobe Garamond Pro,
enquanto Marvin Gaye cantava *Please Stay (Once You Go Away)*,
e o termômetro marcava 11 graus, em julho de 2018,
para a Editora Moinhos.